차명진님

올해엔 꼭 꿈이 이루어지길

축복합니다

2015. 7.

이용주

가면을 벗다

이용주 시집
가면을 벗다

지은이 | 이용주
펴낸이 | 송동림
펴낸곳 | 시와세계
주소 | 서울시 종로구 삼일대로30길 21, 816호
전화 | 02-745-7276

등록 | 2010년 8월 24일 제300-2010-110
발행 | 2015년 7월 10일 초판1쇄

ISBN 979-11-85260-12-9 03810

저자와 협의하여 인지를 생략합니다.

가면을 벗다

이용주 시집

시와세계

시인의 말

오랜 세월,
아리수와 함께 흘러왔다.
나에겐 시가 물이고 물이 곧 시였다.
내가 나에게 그랬듯이
이 부끄러운 시가
세상의 목마른 사람들에게
단 한 방울의 물이라도 될 수 있다면…

2015. 여름 이용주

차례

제1부

가을강　12

가면을 벗다　13

거울 햇살　14

가방을 접다　15

가재울 뉴타운 입주　16

둥그런 세상　18

잠자다　19

나르는 길　20

나, 나무　21

PC방에서　22

가변차선을 가로 지른다　24

라스코 동굴　26

눈 내리고, 눈이　28

새벽길　30

질문, 답　31

동행　32

사과　34

맨드라미　35

제2부

- 안개에 쌓인 38
- 알츠 하이머 39
- 알츠하이머 2 40
- 잊혀지는 시간 41
- 잠자는 자전거 42
- 카카오톡 43
- 키 여린 나무 44
- 용서와 거짓 45
- 탈출 46
- 혼돈으로 나르는 미궁 47
- 천년을 살아도 48
- 소원 49
- 그리다 그리워 50
- TV와 모바일 52
- 가방을 내어 드립니다 53
- 꽃은 지고 54
- 개나리와 복사꽃사이 55
- 얼굴을 구부리고 56
- 아다지오 G단조 57

제3부

해병이 1   60
해병이 2   62
해병이 3   63
해병이 4   64
해병이 5   66
해병이 6   68
해병이 7   70
해병이 8   71
해병이 9   72
해병이 10   74
해병이 11   76
해병이 12   77
해병이 13   78
해병이 14   80

제4부

시 쓰기 고독   82
바람아래 달빛을 날린   83

그 사람　84

하늘색 꿈　86

꿈을 위한 기도　88

눈망울로 빛나는　89

그대가 행복했으면 좋겠습니다　99

여울　91

당신 때문에　92

은하수와 세월호　93

부활의 동굴　94

파도　96

가을 하늘 되고 싶어라　97

나의 폐에 산이　98

산에 오르고 싶다　99

산과의 대화　100

사랑의 힘으로　102

해설

이용주의 詩 읽기 | 정진규　103

제1부

가을 강

햇살이 내리는 언덕에서 화가가 그림을 그린다

가을 추수밭에 속살을 드러내는 중이다

수채화 물감을 지워가며 코스모스 길을 내기 위함이다

안개비에 젖은 벼이삭이 먼저라고 으스댄다

해바라기 키가 자라고 저만치 가을이 오고 있는 중이다

나는 세상이 좋아져 하늘을 그려내고

길이 갈라지는 도착지 없는 가을 강에

나를 묻고 있다

가면을 벗다

나는 베란다에 서서 흔들리는 그림자로 있었다

창문은 열리고 불빛이 불면을 태우고 있었다

검은 커튼이 얇게 저며들고 있었다

떨어진 커튼 사이로 흰 손가락을 당기고 있었다

강물을 토해내는 붉은 노을을 보고 있었다

나는 떨어지는 먹장구름을 보고 있었다

저녁 무렵, 그림자만 남아 있었다

밤새 배를 움켜진 고양이가 다가오고 있었다

나는 차츰 가면 속으로 몸을 들어 밀고 있었다

겨울 햇살

　지독한 초록이었다 겨울꽃 유리창에 비친 50대의 잔주름, 나는 낮과 밤을 건너는 강이었다 겨울 햇살, 새들이 눈 덮인 낯선 풍경을 안겨주었다 나는 완전 공백, 완전 공허. 아직 내 가슴에 속살을 드러내는 중이었다 새로운 향기와 새로운 빛깔을 비운다 그것은 옷소매 파고드는 겨울나무였다 석양, 나는 밤마다 알 수 없는 발자국을 보곤 했다 자라나는 꽃잎에 안아줄 너의 흔적들, 목에 칼을 댄 계절이었다 바람이었다 나의 생각을 독방에 감금한 채 지워진 몸으로 리모콘을 켜는 순간, 어두운 커튼을 내리고 한동안 바라만 보고 있었다

가방을 접다

단풍으로 물든 길을 걷고
하늘안개 가로지른 석회수를 마시게 했다
피어나게 하는 것을 피어나지 못하게 하는 중이었다
사막이 어둠을 막고
사라진 별들을 담 너머 보고 있었다
문득 나는 해체된 언어들을 줍고
내가 만나고, 보는 것을 잠시 머무른 채
아무도 모르게 잊혀가는 것이었을까

빛바랜 스크린 속에서
맨발로 비닐주머니에 가방을 담는다
그녀가 없는 지금
다시 보낼 수 없는 활자와 언어로 메일을 보낸다
지금 여기에 기억이 머무르고 있다
세상의 모든 바람 창문을 열어
어느새
우체통으로 물든 그녀를 버리고 있다

가재울 뉴타운 입주

건물들이 바람에 실려 나간다
재개발 재건축이 열리고
조용한 저녁이 된다

땅을 다져 시멘트를 바르는 중이다
도시 계획에 따라 뉴타운 초막을 만든
구름사다리로 별무리 열린
이것은 나의 집이다

뼈가 헤어지고
보이지 않는 마음 붙잡아
트럭에 실려 나가는 흰 무덤

땅에 떨어져, 고구마 잎줄기 되는
한 개 두 개 세 개의 담쟁이들
한 개 두 개 세 개의 담쟁이가 담장을 덮겠지

아지랑이와 나무 이름도 기억나지 않아

오후 햇살처럼
푹신한 땅에 누울 수 있고
금빛 방석에도 웃고 있을 동안
듬뿍 이삿짐 차에 싣고 온 짐을 풀고 있다

둥그런 세상

하늘에서 전송된 눈
툰드라에서 날아온 언어들로
작은 방 틈새, 나무마다
희디흰 기호들로 채색된다

참새들의 소리에
사각사각
첫눈은 내리고
아이들은 아우성으로
마당에 발자국을 찍는다

나는 어둠의 뒤편에서
새벽을 인화하며
소리가 삭제된
메일함을 쓸어 담는다

잠자다

봄
사라지는 틈새 없이
열대성 기후로 녹는다
떠나간 흔적도 없이 빙하는 내린다

너는 가고
나는 가지 못하는 것
무너지는 산기슭의 주검이다

그러나
불씨를 남긴 까닭은
긴 다리를 건너 어둠을 만들고
언덕에서
아침을 준비하고
또 저녁을 맞이해야 하기 때문이다

나르는 길

노을이 물든 어둠은
수평선을 울린 메아리

가도 가도 끝이 없이
들려오는 부엉이 울음소리
인기척을 잠재운다

새벽이슬이 오면
뱃고동을 울릴
저 푸른 바다가
만선을 춤추게 한다

나, 나무

나무가 거리를 걷고 있다
내 어깨 위를 걷고 있다

자동차의 소음을 먹고 자란 나무
그래도 초록잎과 푸른 하늘은
천년 강을 이을 배경이 된다

겨우내 얼어붙은 뼈 삭여 봄맞이하고
비바람에 허리가 휜 거리의 여인
방황은 나이테를 찾으려는 생명의 본질이다

벚나무, 레인보우, 배롱나무, 물푸레나무
비닐봉지에 담아 잠을 청한 나,
나무를 어머니 무덤에 심는다

PC방에서

로그인되는
PC방에 무늬 벽
질주로 같은 시간

시간이 흘러가는
사방을 쳐다봐도
네모난 사각형
밀린 숙제에 엄두도 못 내고

세상을 반항하지 않는 피자접시
붕어의 낚시 바늘에 이빨이 썩어간다

또 방황이 시작된다
가변차도에 역주행의
비행이 시작되고
무의식이 나를
사로잡히게 한다

자동차가 반복으로

이어지는 PC 블록 설정
양귀비에 빠져 나오지 못한다

가변차선을 가로지른다

신축 중인 네온싸인
가변차선을 가로지른다
밀림을 대기시킨다
행단보도가 북적인다
가고 오는 열린 문을 열어본다

새벽을 여는 인력시장마다
하루를 찾는 막노동자로
길들은 연결된다

"어디로 가는 거죠"

"가로등을 건네고
그에게 박하사탕을 줘야겠어"

내미는 운전대, 창호지 구멍으로
포장된 도로를 보지 못하고
IC 인터체인지 이정표를 안내한다

트럭에 어둠을 싣고
나는 어둠을 뚫고

라스코 동굴

내 생에 끈을 이어 벽화를 그리고
끈을 이어 동물을 그리고
얼음 위의 빌딩으로 연결한다

세상과 빛과 나무와
나는 구름이다
벽이 열리고 닫히고
두 귀가 이별을 한다

네 개의 검은 판화가 된다
여러 개의 방 속에 앉아 있는
내 눈속으로 들어온다
와이파이, 부루투스 사이로 카톡이 들어온다

내 손에 쥔 가방으로
나는 열려진다, 매일
담과 벽이 다시 기로에 선다

손에 정지된다

허물어진 하루해에 돌고
벽 속 세상으로 들어온다
귓속으로 카톡이 전송이 되어진다
닫힌 귀에 석양이 밀려온다

눈 내리고, 눈이

밟아간다
내 어릴 적 동면을,
햇살이 눈을 나리게 하고
눈은 서로를 모른다
너를 모르고
바람과 하늘은
희미한 꿈을 꾼다
사진 속 가면은 늘 춥고
눈과 강이, 하늘이,
액자와 가면 속으로
사라졌다 다시 온다
내리다가 그치고 그치다가 다시
빠져 나간다
강물이 아랫도리를 밟고 간다
젊음을 밟고 간다
하늘을 달려서 스며든다
바람이 강에 밀려
눈 속으로 스며든다
눈이 눈을 감는다

구름이 발자국을 지운다
해가 진다
동백나무에 그늘이 진다
하늘을 달려 내린다
언덕을 넘어 눈이 내린다
내 어릴 적 눈이 내린다

새벽길

푸른 밤, 너는

새벽녘을 깨우는 아랫도리에 꿈을 멎게 했다

총알을 준비하는 사이 어둠을 가로 지르기도 하고

놈이 내 손을 잡고 놓을 줄 모른다

바삐 넘나드는 푸른 질주로

운전대에 의지한 채 잠시 눈을 붙인다

너의 갈색 문을 지켜 줄

커튼 틈새 겨울 햇살 코 사이로

후, 입김을 불어

백만 년 천만 년이고 지켜보아야만 하나

가만히 창을 열고 잠들을 날려보낸다

질문, 답

답이란 생각이 없다

자판을 두드리는 말초신경, 꼬리에 꼬리를 틀고
질문과 답이 되풀이할 뿐

책에는 물음표와 느낌표가 있겠지

삼각형이 연속이고 별이 충돌하고
지렛대와 새가 날아간다

책은 이해하기 전 질문 없는 답이다
새들이 날아간 저쪽
모든 이야기들, 이름 없는 답을 찾을 수 없다

동행

어둠의 그림자를 밟아
빛이 발광하는 나이테를 끼고
나의 별자리, 나의 무릎
꺾이는 아픔을 견뎌본다

새벽을 뒤로 하고 예배당에서 나온다
문 닫은 상점이 불빛을 내리고
셔텨를 올렸다 내렸다
생쥐가 먹이를 찾아 서성인다

상점들마다 잠에서 깨
건물 틈새 새벽장사에 목청을 높인다
고양이를 피해 오르락내리락거린다
길모퉁이에 몰린 수백 마리의 생쥐들은
어둠에 쌓인 골목이다

골목이 난관을 관통하는 길이다
길을 가로막는 것은 생生과 사死
길의 심장을 가로지른 생쥐 한 마리가

내 손바닥에서 동행하고 있다

사과

오늘도 가지에 달린 붉은 사과
불그레한 시
하늘 닮은 호수로 속살을 드러내는

열매가 되기 위한 삶이 아니었을까요?
이승, 큰 가지 끝에 매달려
먹지도 못 하는 붉은 그것

맨드라미

밤의 소리를 모으고 모아
맨드라미는 피었을 것이다
새의 날개처럼 하늘을 날고 싶은,
별의 사막에서 떨어지는,

지상에서의 푸른 날들이
붉게 물들어가는 밤
어둔 그림자에 끌려오는
생명의 씨방들

버려야만 얻을 수 있고
얻어도 소유하지 못한,
커다란 세계가 나를 깨운다

맨드라미의 붉은 울음 속에 잠을 청한다

제2부

안개에 쌓인

 혼자서도 연주를 하고 있었다 봄이 다 간 여름날 나는 점점 밀려드는 환생을 보았다 바람에 젖은 연주, 하얀 꽃무리를 거닐 때 기쁘고도 슬픈 시간의 해당화, 손가락 마디가 자라 다 자란 소리를 들으며 반주를 한다 걷지도 못한 다리지만 협주곡을 짓고

 순간, 내게 별을 부르는 것은 환생으로 죽음을 맞이하는 그 안개에 쌓인 밤이었다

알츠하이머

담 넘어 언덕 메아리가 들려온다

알츠하이머 치매로
숨쉬기조차 힘이 든
정적의 끝에서

밤사이 거리를 쏟아내고
이승을 넘나드는
구름 위를 걸어본다

고요를 깬 아침이
달아나는 새벽을 안고 돌아눕는다

알츠하이머 2

당신의
이른 새벽 6시
어김없이 눈을 뜨게 됩니다

생각의 꼬리를 자르기 위해
멈추어 보고 걸어도 봅니다
나의 욕망이 탈수기로 분화되듯

어제도
오늘도
그리고 내일도
살그미 밀려드는
퀭한 눈동자를 그려봅니다

잊혀지는 시간

아침 햇살에
내 어깨를 내어드립니다

고요에 눈감은 시간
어느새 잔주름

하얀 틈새
빗물로 스러져
노화되어 가네요

그렇게
나는 당신의 의미를
해독하는
시간인가 봅니다.

잠자는 자전거

발자국을 걷고 걸어야만 합니다
새벽잠을 드리우고
발자국, 발자국은 염려를, 염려는 가슴에 담은
도시로, 빌딩으로 주행하는 것을 멈추지 않습니다

잠을 청하지 못한 아스피린으로
비염에, 대상포진
그녀의 발과 손과 다리도 담지 않고
나를 부르지도 않고
새벽을 열지도 않습니다

카카오톡

나의 손에 나무를 전송하고 있다
나무는 나를 전송하고 있다
네온사인 불빛, 우리는
만남이 이어지고
SNS 문자로 스크린에 담아온
메일을 열어보고 있다

로그인되어 가는 나의 모습에 살 냄새가 난다

너나할 것 없이, 이승과 저승으로
문자를 지우고 전송한다

여기와 저기가 다른 두 길
카카오톡 매체가 우리 몸에 전송하는 중이다
빛이 흐르기 시작한 것도 이때다

키 여린 나무

가을이 나르는 새벽을 머금고
아침이슬에 모닥불 피어질 것입니다

세상에서 기둥으로 살아가야지
날갯짓하는
새들이 날고, 새들이 우는

신작로에 낙엽이 떨어지는
당신의 기억에서 지워지는
새벽 별 먹고 일어난 당신

나뭇가지에서 언제 떨어질지 몰라
무거운 어깨
시작과 끝이 없는 길
나는 당신의 이름을 불러봅니다

하얀 비닐봉지에 담아봅니다
"키 여린 나무가 되어 주세요."
그림자들을 하얀 비닐봉지에 담아내려 합니다

용서와 거짓

냄비에 물든 내 영혼의 숨구멍은 소금입니다
거리의 마네킹 손을 잡은 당신은
세상에 안겨 바람벽 옷을 입히고 있습니다
이곳저곳 스며든 창밖의 노동이었나 봅니다

거리의 걸인에게 소금을 주고
바닥을 후빈 공허처럼 흔적도 없는
목마른 땅에 잘 떨어지는
주검 앞에 나는 알몸입니다

나무와 나, 나무사이 마주보는 층계와 나
층계 사이 바람을 비우고 있습니다

모든 거짓, 부끄러움을 다 벗어 버린 당신은
내 허물에 용서의 옷을 입혀주십니다
말씀의 옷, 사랑과 은혜의 옷
불꽃의 세례로 다시 태어나게 합니다

탈출

검은 침목 위에 서 있다
청량리 발 떠나는 기차는
상행선과 하행선 다리를 벌리고 있다
그런 날이 언제였던가 나는
언제 『설국』을 읽을 수 있을까
거울속의 새들이 열림과 닫힘을 떠 보내고 있다
탈출을 시도하는 내가 기차를 타고 있다
검은 터널을 가로지른 기차는
'엇갈린 두 팔을 늘어뜨려야 할 것이야'
기차는 터널을 통과하고 강을 메우며
종착역 없는 세계를 향해
수면으로 나를 올려주고 내려놓는다
상행선과 하행선을 번갈아 오후를 조절하고 있다

혼돈으로 나르는 미궁

 흘러가는 대로 내버려 두자 어느 수면 위로 가는지 모를 어머니의 자궁에서 자라다 다시 깨어나지 못한다 할지라도 굽이굽이 바라보고만 있자 그 사이, 여울을 보듬고 가는 생각에 나를 더듬어본다 그림자를 안고 사는 불빛 따라 가는 것이다 나를 좀 더 아는 여울의 길, 나를 힐책하며 매달려본다 다시금 잊혀져간 나를 내버려 둔 채 너는 죽어서 미궁으로 가고 싶니? 나는 죽어서 수면 위에 올려놓은 길 따라 갈 거야, 물길마다 놓인 환청이 출렁이고 있다.

천년을 살아도

천년을 살아도
보고파만 지는

가까이 할수록
쓸쓸함의 친구로 남아
이별을 훔쳐야만 했다

별똥별 자리에
양파도 썰어 넣은
고춧가루 듬뿍 넣은
그녀의 천문대
수채화 물감들인 화실을 만들었다

눈과 눈이 만나 구름을 만든다

엔젤아이즈*

보면 볼수록 더 보고파지는
볼 수 없는 그인 듯

* sbs 종영 주말드라마 제목

소 원

그대
나 홀로 간 길목에서
그대를 향해 기도를 합니다

화살 같은 겨울바람
그 누군가를 위해
촛불을 든
그리운 이의 행복을
빌어드리는
사랑보다
아픔이 더 하지만
내 마음의 심지를 태우는
염지로 기도를 합니다

별을 바라보며
당신의 이름을 불러보고
당신의 사람으로 남아
첫눈 향기로 기도를 합니다

그리다 그리워

그리다 그리워서
그리지 못했던 얼굴
화폭에 담긴 빛이
그림자만 남기고
잊혀진 기억
꿈속에서나 그려지는 것들

냇물이 강을 이어
산을 넘어 가고
다시 강을 이어
하늘을 덮는 당신

먼 곳을 향해 질주하는
환승역만 바라보고

맑은 당신 하늘을 열어
가장 긴 터널을 만들고
어둠과 어둠 사이
빈자리엔 어느새

빛이 내리고 있었다

TV와 모바일

오르지 못할 전봇대에 매달려 세상을 본다

텅 빈 눈구멍 속으로 한 줄기 물이 흘러
숨은 바코드에 불을 켜 대화의 문을 연다

쏟아진 보물들 다 담을 수 없지만
소유하고 싶은 얄팍한 심정을 털어낸다
그렇게 연결의 꼬리를 물고 물어 화자가 되는
누구의 시선에도 보여질 수 없는 화면에
TV 수신료는 자동이체되어가고 있다

보면 볼수록 날개 달린 그림자로
그렇게 매일 전송하는 카톡, 마이피플,
지하철이나 저녁 식탁 위에서도
대화를 없애버리는 모바일 전송

가방을 내어드립니다

숯불에 구워내는 우삼겹 맛을 되새김질해본다
살아있는 육즙 등심, 토시살, 드셔보세요
내 갈비살에 태워진 소고기 모듬 한 판

시골의 향 된장찌개 드셔요
웃음으로 가득 메운 무궁화식당

그녀가 보고 싶어도 볼 수 없는 것이 어제인가요
처음처럼 한잔 동공이 불변인가요

찐빵에 부풀려오는 절벽, 저절로 익어가는
가방을 내어 드립니다

꽃은 지고

일기장에 기러기 날아간다
둥근 달 위에
그 긴 세월을 어떻게 지내왔을까
간이의자에 기댄
빛이 알고 있다

배꽃 지는 밤, 질항아리 노을*이다

우주의 끝자락이다
기러기들이
창문을 열어 동행을 재촉한다

고목 심장의 박동으로
낮달이 생의 무늬를 수놓고
메일 접속을 한다

한 척의 배를 띄운다

* 정진규 시집 『무작정』 중에서

개나리와 복사꽃 사이

빌딩 한켠 고향소식이 살포시 내린다

아이가 악보를 모둔다

복사꽃 음표를 메단다

노란대문 닫혀있는 빛바랜 담장아래

이분음표를 쏟아내는

개나리가 모자를 벗고 있었다

아침햇살이

새벽 어스름을 등지고 있었다

얼굴을 구부리고

코끼리 발자국으로 생을 꾸려낸다
바람에 의해 하늘이 부러지고
건물들마다 햇살이 복도에 머물고
기다린 시간, 내일이 여기오지 않게 하고
아득한 시간이 되살려지고
빛의 옷자락이 너부시 하늘을 만들 동안
어둠은 너부시 칼을 만들고
그림자는 너부시 어둠을 넘어
밤을 만든다

달이 깊어진다
초승달이 빛나는 순간 생은 없어져버린다
생은 구부린 틈새로 안부를 묻는다
달빛이 나의 가면을 벗어
수면 위에 감춘다

아다지오 G단조

 총부리에도 평화를 갈망하는 눈빛. 유고슬라비아 사라예보의 눈물자국이었다.
 전쟁의 포격에도 숨 쉬는 오르간 연주가 있었다. 바람에 끌려 흐릿한 이별이 골목마다 주린 배를 움켜지게 하고, 음악이 폭력과 추악함에 컵 속에 담아 바다와 원시림으로 피어난 꽃잎은 묻어가고 죽은 것들의 이야기를 담는 소통이 되어지고, 장면. 콘트라베이스. 무겁고 깊이를 지닌 파편이 허물어지고 눈물이 더욱 흩어져 장면으로 모래언덕을 넘는 나의 수의는 살 표면도 없었다

제3부

해병이 1
―해병 아들

가녀린 모습이었던
아들이
어제 일처럼
해병으로 변한 모습
새삼스럽게 느껴진다

극기주의 훈련을
용단 있게 참여함으로 동기에 친화력을
배웠다는 아들의 미소가
귓전에 아려오고

부정에서 부정이 아닌
부정에서 긍정적 사고로
인식이 변화되는 아들의 모습
또 한 번 해병의 정신력을 기대해본다

흑룡 사랑에 힘입어
해병 아들의 목소리가
서북도서 최북단에 우렁차게 울려진다

흑룡 전우회로 거듭나는 우리 아들들
무적해병으로 조국을 위한 마음
길이 남으리

해병이 2
―나리꽃

조국이 부른
전설의 섬

밤사이 고인 발걸음
나리꽃에 털어낸다
군화소리 퍼지는 행군의 하루

인고의 시간이
지나가기를 기다리는
그림자로 가득하다

군화 발속에서도 나리꽃이 피는
백령도의 아침
백령도의 저녁

해병이 3
―이름을 불러봅니다

용기원, 번개, 기습특공, 최강, 불사조,
용강로. 흑상어, 달동네, 흑룡텔러컴, 스킹커
근무24조, 흑룡의원 맥가이버. 하늘지킴이, 군기강, 하우스

새로 태어나는 백령도의 용사여!

길기도 긴 하루 살아도 다시 회생되는 조국의 젊은이들
오늘이 지나 내일이 와도
또 다시 21개월의 푸르른 강

그대들이 달구어진
걸음과 땀과 피로
한사랑 이룬 병영문화의 기틀을 만들어
원년이 되는 세찬 바람막이

그래도 그대들이 웃음을 잃지 않고
032 모바일의 불을 켜는 흑룡사랑
그리운 그대의 이름을 불러봅니다

해병이 4
―환생, 백령도

멋이 있어서가 아니라
공부가 싫어 탈출하는 것이 아니라
꽁꽁 얼어붙은 얼음을 이겨내기 위해
스스로 택한 해병대

봄이 오면 여름이 가고
가을이 오면 겨울이 가고
빈 어둠을 채울 수 없는

길 떠난 아들의 모습에
눈물 보이기 싫어
몰래 훔치다 깊어진 잔주름

한번은 가야하는
핏빛이 서린 연병장 굴레
밤새
물새소리보다 더 아득한 것은
부모님, 형제, 친구의 목소리

계절은 지나고 흘러
부르다 죽을 군복으로
다가오길 기대합니다

해병이 5
―1171기수 도파대에 보낸 해병이를 생각하며

7주간의 지름길 같은
훈련생활을 끝내고
도파대에 오른 사나이

이 세상에 태어나
어머니를 어머니라
불러보지 못한 채
살아있는 동안은 꽃으로 피었다

꽃이 지기를 기다려
화살 같은 하모니 플라워 호에 실어
미지의 섬으로 보내야 한다

시간과 세월이 왜 이리 쓰린가

장미 한 송이
해무에 가려 황혼으로 사져갈 사나이
햇살로 가득 채워
보내고 싶다

뒤돌아 가는 발걸음
사나이의 얼굴 언저리 때문에
차들도 쉬이 떠나지 않는다

해병이 6
―백령도

가깝게 느껴진
한나절 해무에 갇혀
오지도 못하고
가지도 못하는
전설의 섬
백령도

심봉사 눈을
공양미 300백 석에 팔려간
북한 장산곶
백령도 심청각 사이
인당수印堂水가 보이고

눈물이 메말라
핏물로 변해버린
박격포를 손질하는 혈관속의 뼈다

백령도에

흑룡의 아들들이 잠자고 있다

해병이 7
―백령도2

백령도의 하늘에
검게 드리워진 어둠이
빛에 교차 되는 듯 반사작용을 하고 있다
어리고 짓궂게만
부모 그늘에 있던 아들들이
굳세게 성장하여
젊음의 욕망, 해병대 수호천사 되려

그대들을 사랑하는 흑룡사랑부모들이
손 모아 노래하고

노심초사 바다를 바라보며
소주 한잔에 젖어본다

지금도
그렇게 우리 아들들은
백령도 콩돌해안의 조약돌을 나르고 있다

해병이 9
―백령도, 해병

책상은 동료를 모르고 의자는 해무를 모릅니다
그러기에 백령도는 내일의 북녘을 모릅니다
어제의 나를 모릅니다

검게 드리워진 사곶 해안
천년 모래알로 깔린 저녁일 수 없지요
그들은 날개가 없습니다
모래알들로 소통일 수 없습니다

그리운 얼굴이 교차를 모르고 기억을 모릅니다
그렇기 때문에 시간은 길을 기다려주지 않습니다

나를 버리고만 싶습니다
내일이 지난 앨범 앞에서

두고 온 섬 하나 생각합니다
두고 온 선 하나 생각합니다.

해병이 8
−백령도 가는 길

발을 동동 구르며
갈 수 없어
가지 못하는

사진 한 장
달랑 남아
보고 싶어도 보지 못하는
어머니,
맨발자국

꿈속에서나
볼까
밥 한 그릇
머리 옆에 놔두고
잠을 청해보기도 하지만
파도를 잠재우기엔
힘에 겨워

심청각 인당수

공양미 팔아
눈을 뜰 수 있다면
더 깊은 곳이라도
빠져들어
길을 열어주고

그리도
백령도 가는 길이
심장을 도려낼 줄이야

해병이 10
―백령도가 나를 부릅니다

사곶 해안, 콩돌 해안, 염수 해안
무수히 하늘에서 쏟아져 내린
별들이 이슬이 되어 구릅니다

가을 낙엽 맞으러 가는 불빛,
내 안의 무언가 그리운 것들을
담배연기 속에 버립니다.
여기 이렇게 서서
바다의 시간을 이야기합니다

이제 주어진 문장의 책을 읽기 위해
한 페이지 한 페이지 줄을 긋고,
익혀야 할 단어들을 하나씩 외워갑니다.
가끔은 희미한 그림자가
눈앞을 가리곤 하지만
어머니의 애잔한 눈물 같은 사랑,
이곳엔 나를 보고
또 다시 나를 맡기는 시간이 있습니다

여전히 나를 기다리시는 랍비여!
엄마의 뱃속에서부터
당신을 찾던 기도소릴 들으셨나요
태고의 기억들을 더듬거리며
어둠을 한 장씩 넘기는 바닷가

백령도가 나를 부릅니다
백령도가 당신을 부릅니다

해병이 11
―해병이, 해병이의 전설

갈 수 없는 철책 넘어 그늘이 지고 있다
이곳에서 그곳으로 그곳에서 이곳으로

잔주름에 피멍 진 용기원
염수개의 잔재들
전율로 피와 땀이 어린

너는 뛰는 심장을 갖고 있다
여기서 멈출 수 없기에
걸어서라도 가야 한다.

걸어간다 걷고 있다
너의 심장은 붉디붉다
너는 영원한 해병이기에

바다 너머 붉은 노을이 또 다른 세계를 열었다 닫는다

가는 것은 포옹, 떠나는 것은 해무와 고요
바닷새 날아간 백사장에서 소라가 운다

해병이 12
―저만치 봄이

성큼 걸음걸음으로
꿈속에서만 잠들었던
봄나들이 가세요

한겨울
추위에 움츠렸던 몸을
하늘 끝자락에 던져버리고
새되어 날아가보세요

저만치 전령사로 올 봄
아지랑이 이슬이 되어가듯
하모니플라워에 몸을 실은
한 사나이가
성큼성큼 다가옵니다

해병이 13
―흑룡 사랑

서해 하늘에 흑룡이
땅엔 흑룡의 아들이
백령도, 대청도, 소청도 지키는

조국을 위해
젊은 청춘을 바친
꿈들의 향연

내 아들
우리 아들
흑룡의 아들들
서로가 얼굴을 비비고
살을 나누는
청춘의 꿈

더 나아가
서해 하늘에 흑룡을 품고
부모님 사랑
조국을 위해 한 목숨 바친다

"무적해병 흑룡 사랑"이 있기까지

해병이 14
―흑룡사랑, 해병이

어머니 아버지
나를 위해 기도하시는
모습이 숨을 거두어 온다
아
하늘로 간
바다의 잔해가 너무 아프다

하늘구름은
흑룡이 있어
서해바다 해무와
해병이를 만들어 간다

사방이 캄캄해
두고 온 어머니
부서지는 별똥별을 헤아려보고

바다의 새들은
흑룡의 이야기로 날을 지샌다

제4부

시 쓰기 고독

고독이 시를 쓰는 지
시가 고독을 쓰는 지
답은 둘 중의 하나다

둘이면서 하나인 답
하나이면서
둘인 답

하나이건
둘이건
그런 답을 넘어선 곳에선
답이 되는
시

그런 시를 쓰고 싶다

바람아래 달빛을 날린

바람 아래 서리꽃 피어낸다
그리운 얼굴들 불 지펴 생기를 불어주고
군고구마 화로에 옹이를 나누고
찜질방, 아득한 시간이 되어지고
멈춘 순간 맥박을 만들 동안
먹장구름 어둠을 살려 오카리나를 만들고

묵호항, 새가 나를 부른다
가까이 갈 수 없는 먼 곳을 만들고
서로 바라보는 마음을 열어 바다를 만들어 내고
눈에 고인 호수를 수놓았다

언젠가 당신을 그린 바다가 그려진다
몸 깊숙이 상처로 물든 멍이 달빛에 가려진다
초록으로 물든 동공이 눈빛 사이로 숨는다

그 사람

만나보고 싶었던 그 사람 만나러 가는
길에 봄이 오려한다
잠시 잊고 있었던 미소에
한겨울 풋사랑 이야기
봄 햇살이 반긴다
예전에 곱디고운 봄은
찾을 수 없다
빌딩은 그대로이지만
내가 변한 거라고
좋기만 했었던
봄의 향기, 속삭임도
기억 저편에 자리하고 있다

여름, 가을 계절이 지난 골목들
차가운 겨울이었지만
봄을 맞을 겨를이 없다

주고도 모자라는지 받고도 모자라는지
기나긴 돌기둥 사이 시간을 재촉하며

발걸음 바뻐 어디론가 떠난다

하늘색 꿈

꿈을 향한 소망과
소망을 향한 꿈은
어떻게 다를까

소망 없이 꿈을 존재할까
꿈 없이
소망 또한 존재할까

가슴에 꿈
이마엔 소망
꿈과 소망 무지개로
눈썹 사이에 걸치고

꿈꾸는 하루
하루의 소망을 향해
더딘 걸음 멈추지 않는다

언제쯤
가슴과 이마가 이어질지

오늘도 무지개를 건넌다.

꿈을 위한 기도

꿈을 꾸기보다
꿈을 이루어지기를
기도합니다.

꿈을 사랑하고
사랑으로 이루어지기를
기도합니다.

이루어
항시 가슴에
무지개로 지니고 살길
기도합니다.

눈망울로 빛나는

눈망울로 빛나는
고백을 나는 알고 있다

가슴에 창을 달고
창을 닦는
또 나는 알고 있다

그 눈망울로
사랑을 키우고 키워
영글 결실 거둔다는 것도
나는 안다

그런 눈망울 앞에
서 있고 싶다

그대가 행복했으면 좋겠습니다

늘 사랑을 베푸는
아름다운 생각을 지닌
언제나 나를 먼저 생각해주는
그대가 행복했으면 좋겠습니다

아름답게 사는 것이 무엇인지
지고지순한 사랑이 무엇인지
물결 위에 놓인 금빛 햇살이 웃음처럼 다가온
차가운 부정도 그대 앞에 서면 긍정이 되는
나의 세상 내 가슴에 와서 꽃이 되는
그대가 정말로 행복하길 바랍니다
나도 그대가 만든 이 아름다운 꽃길을
함께 걷고 싶습니다

오늘 아니 내일 혹 이별을 한다 해도
그대가 행복했으면 좋겠습니다

여울

하늘 밑

바람이 물결을 이룬다
한 잎의
쪽배가 떠내려간다

서쪽바다 너머로
노을 한 자락이
하루의 그림자를 끌며 간다

두 눈에도 돛폭이 내려진다
고단하게 저어 온
하루를 어둠이 접는다

당신 때문에

나는
당신을 그리는 화가요

나는 당신의 숨결을 읽는 내과의사요

나는
당신의 인내를 맛보는 노리개요

나는
당신의 그림자를 지우는 청소부요

나는
당신의 꿈을 캐는 광부요

당신 앞에
만능이나 사랑 앞엔 노예요

은하수와 세월호

그들은 빛나고 빛난 별들이었습니다

숨소리도 들리지 않을 우리의 아들, 딸들
세월호 울음을 달랜 하늘을 지고 갑니다

욕심과 이기심은
높은 자의 방관에
채 피우지도 못한 어린 싹을 앗아만 갔습니다
아직도 구하지 못한 바다에 묻힌 영혼들

이제 별똥별이 되어야 할 시간

아, 신이시여!
기적을 베푸소서

꿈같이 정결했던 지난 그날이 다시 오기를
세월호여
이 지리한 파도를 멈추어
울부짖는 애비 에미의 기도를 들어 주소서

부활의 동굴

눈썹 위에 걸려 있던 무지개도
그대 밖으로 나오면
스러져버린다

스러졌던 무지개도
그대 안에 있으면
가슴에 떠오른다

마음에 품었던 달도
그대 밖에 나오면
사라져버린다

사라진 달도
그대 안에 있으면
다시 떠오른다

무지개나 달과 같이
기쁨과 슬픔도
그대 밖에 있으면 사라졌다

그대 안으로 돌아오면
다시 만난다

파 도

무엇을 경작하고 있을까
종일 이랑을 낸다
파도도 뿌리면
싹으로 돋아나는 걸까
돋아나 가을걷이를 할 수 있을까

파도와 파도가 몸을 섞는
물 그물엔
어떤 고기들이 건져 올려질까

하루의 노동이 힘에 겨웠는지
하얀 버캐를 토해놓고
나자빠져 몸을 뒤챈다

가을 하늘 되고 싶이라

갈대들이
호수에 빠진
가을 하늘을 낚고 있다

어떤 날은 햇살 등에
흰 금 비늘을 세운 금붕어가 되어
낚여지고
어떤 날은
바람이 세운 대팻날에 깎여진
파란 하늘 조각으로
낚여 올려진다

아무도 모르게 찾아간
가을 호숫가
내 낚싯대엔 가을 하늘 대신
끝내 헹궈버리지 못한 그리움이
월척의 금붕어로 걸려있다

나의 폐에 산이

산에 오르니

지리한 시간이 헐떡거린다

쪽동나무 소쩍새가
울음을 말고 들어와
나의 폐에 푸르름을 펼쳐준다

가파른 계단을 오르내리고 있다
하늘 끝이 보이는
나의 폐에 산이 들어와 앉는다

산에 오르고 싶다

뻐꾸기 울음소리, 미궁을 날으는
산새 메아리 고목의 늪
전경이 드나드는
새벽달이 시린 그런 날도 있었지만
넘어지고 넘어지다
아침을 맞이합니다

밤하늘에 구멍처럼 솟아난 달
아스라이 속살은 보이고
하늘 끝에 걸린 구름사이로
오르고 싶어집니다

메아리에 누워있는 무지개,
기지개를 켜며 오른 사람들
오르다 오르지 못할 둘레길
산이 등을 내줍니다

산과의 대화

가을 양버즘나무의 잎이 짧다는 것을 느낄 때
버려진 인형처럼 나를 혼자 있게 한다

구름에 벗어나는 거리를 배회하다
찬 이슬에 취해
잠을 청하고,
우주의 가방을 둘러메지만
내 곁엔 지금 아무도 없다

산이 부를 때마다
정상에 오른다
털층구름이 반기고
하늘안개가 품으로 안아준다

"그동안 힘들었지!"

가을비 같은 목소리로 가슴을 물들이는 말

"힘겨운 자신과 싸우느라 얼마나 많은 밤을 새웠겠니?"

"당신을 홀로 있지 않게 외로움의 골짜기에서 건져 줄게"

사랑의 힘으로

말씀으로 터득한 사랑과
사랑으로 터득한 말씀은
어떻게 다를까?

꿈으로 꾸는 사랑과
사랑으로 꾸는 꿈의 빛깔은
또 어떻게 다른가

미움도 사랑이듯
다르면서도 같은 것
같으면서도 다른 것

해설

| 해설 |

이용주의 詩 읽기
— 꽃밥 멕이는 사람

정진규(시인)

하나의 전제를 풀이하는 것으로 이용주의 시를 읽어가려 한다. 그의 시의 안과 바깥의 몸매가 그만한 모습으로 보이고 있어서이기도 하지만 그의 시정신의 비의적秘儀的 통로에 무언가 보탬이 되리라는 생각에서이다.

하나의 전제에 대한 것은 '대상'에 대한 것이다. 이 대상에 대한 인식이 거의 시를 좌우한다고 할 수 있다. 나는 오랜 세월 동안 거의 나의 '화두'나 다름없이 기회 있을 때마다 사용해 온 말이 있는데 그것은 '화자 우월성을 극복해야 한다'는 거의 절대적 의지에 가까운 말이 있다. 이 말은 단순히 객관성을 확보하라는 말로 끝나는 것이 아니었다. 그 흐름이 좀 더 섬세한 작용성을 지니고 있는 것이었다. 예컨대 활을 쏘는 궁사弓士가 과녁을 향해 화살을 날려 적중했을 때, 제대로 된 궁사는 감히 자신이 과녁을 적중했다고 말하는 우愚를 범하지 않는다. '자신과 과녁이 한 몸을 이뤘다'고 말하는 것이 옳다. 그렇지 않고서는 적중이 될 수도 없다. 시의 화자도 다를 바 없다. '사물'에 관한 단권의 시집을 가지고 있는 명쾌한 해결사 프랑시스 퐁즈(Francis Pongs 1899-1988)가 있다. 그의 대표적인 시론이라고도 할 수 있는 그의 시 「대상이 시학이다」(L'objet, C'est la Poétique)(이 표현은 본래 브라크 Braque의 것이다)에서 다음과 같이 쓰고 있다.

> 대상에 대한 인간의 관계는 소유나 사용뿐 만은 아니다. 아니다. 그렇다면 그것은 너무 단순한 것이다.
> 그것은 훨씬 나쁘다.
> 물론 대상들은 영혼의 외부에 있다.
> 그렇지만 대상들은 머릿속에 있는 우리의 추이다.
> 그것은 곧 대격의 관계이다.
> 인간은 그 중력의 중심이 그 자신에게 있지 않는 이상한 육체이다.

우리의 영혼은 타동사적이다. 영혼에게는 직접보어처럼 영혼을 즉각 감동시키는 대상이 필요하다.
그것은 가장 심각한 관계의 문제이다.
(소유의 관계가 아니라 존재의 관계이다.)
다른 어떤 인간보다 예술가는 그 점을 받아들이고, 타격을 받는 표시를 한다.

놀랍다. 그는 '우리의 영혼은 타동사적이다'라고 읽는다. '영혼에게는 직접보어처럼 영혼을 즉각 감동시키는 대상이 필요하다'고 말한다. '소유의 관계가 아니라 존재의 관계'라고 읽는다. 나아가 퐁즈는 내게 계속 충격을 주었다. 이용주의 시를 읽으면서도 그의 시에도 진전을 주리라는 생각이 계속 들었다. 퐁즈도 그의 시 「물」(De l'eau)에서 쓴 바 있지만 '물'의 본성本性으로 사물, 대상에 대하여 배를 깔고 땅에 엎드리는 (그렇다, '오체투지五體投地'라는 우리말이 있다) ('한층 높게'의 반대로) 포즈를 그는 나에게 가르쳤다. 그 순간 놀랍게도 노자老子의 상선약수上善若水의 논리가 동시적으로 다가왔다.
노자의 물의 순리를 퐁즈가 읽었을까. 이에 따라 내

시는 사물 앞에 우월하기를 극복한 지가 벌써 여러 해가 되어가고 있다. 사물과 나의 관계는 언제나 일방의 관계가 아니라 교통 호환의 관계였으며 가담의 관계였다. '배를 깔고' 배밀이로 다가가는 보행步行의 최초 형태로 언제나 그것은 사물과 나 사이의 겸허의 관계를 성립시키고 있었다. 이를테면 화살로 과녁을 쏘아도 혹은 달리는 한 마리 사슴을 쏘아도 그 결과는 낭자한 피의 죽음이 아니라, 오히려 '한층 높게의 반대로' 생성되는 새로운 생명의 탄생이었다. 그 과녁을 향한 적중이 동시에 나를 향한 과녁의 적중으로 응답하는 세계를 구체적으로 읽고자 했으며, 그것을 받아쓰는 것이 나의 시이기도 했다고 할 수 있다.

이러한 나의 겸허에 사물들은 정직했고, 그래야만 그가 지닌 비의세계秘儀世界, 그의 현부玄府의 빗장을 열어주었다.

자 여기까지 오면 이용주도 자신의 시가 어떻게 정진규의 시론과 만나고 있는가를 짐작이 가고 있을 것이다. 한 가지만 더 첨언을 하고 이용주의 시에 내 시의 의상을 입히는 작업을 하기로 하자. 그리고 전시의 자리에 입장을 시키도록 하자.

 한 가지 더 첨언코자 하는 것은 이 같은 대상과의 관계가 성립했을 때 나는 이 관계를 내 생래적인 '놀이꾼'의 본성에 기대어 함께 놀기를 주저하지 않았다. 경직되지 않았다. 나는 엄숙주의자가 아니었다. 그래야 제대로 열렸으며 열려야 보였다. 보여야 받아 쓸 수가 있었다. '유어예遊於藝'라는 옛말도 있지 않은가, 잘 노는 데에 '예'가 있다는 이 자율自律이, 이 자유自遊가 나를 거들어 주었다. 또한 『논어論語』의 「옹야편雍也篇」의 다음과 같은 대목은 어떻게 놀 것인가를 내게 구체적으로 지시해 주기도 했다.

 "知之者 不如好之者 好之者 不如樂之者" 옮기면 "아는 것은 좋아하는 것만 못하고 좋아하는 것은 즐기는 것만 못하다"는 뜻이다.

 그러나 흥분은 금물, 나는 곧 낙이불음 애이불상樂而不淫 哀而不傷의 구로 스스로를 자제할 줄 알았다. 제대로 잘 놀 줄 아는 자율, 자유의 질서를 잊지 않았다.

 이제 이용주의 시를 읽을 차례다. 그의 시들을 여기

펼친다. 문제는 무엇이 보였느냐에 있다. 화자 우월성을 극복해서 이용주의 시에서 내가 본 것이 무엇이냐가 중요하다.

이용주가 어떤 대상과 하나가 되어 일체화 된 세계가 이루어졌느냐가 중요하다. 그 질서는 어떤 것이었느냐에 있다. 발견이다 할 만한 것이 있었느냐에 있다. 이른바 견자의 세계라 할 만한 것을 만날 수 있었느냐에 있다.

그의 시의 대상은 단순하지가 않다. 어떻게 보면 다양하고 어떻게 보면 도시적이기도 하고 가족사적이기도 하면서 자연의 서정 속으로 파고들기도 한다.

시집 첫머리에 실린 「가을강」처럼 풍경과 화자가 하나가 되는 깔끔한 서정시가 있는가하면, '누구의 시선에도 보여질 수 없는 화면에'(「TV와 모바일」) 전송되는 그런 도시의 무수한 엇갈림 속에 삶을 영위하는 시를 써서 이어 싣고 있기도 하다. 그런가 하면 「가재울 뉴타운 입주」를 위해 "듬뿍 이삿짐 차에 싣고온 짐을 풀고 있다." "구름사다리로 별무리 열린 이것은 나의 집이다"라고 단호하게 단 완연 도시인이 되어가고 있다. 그의 삶은 도시적인 것이 지배적이지만 그의 시를 읽어 가노라면 다행스

러운 노릇이 그의 의식의 빛깔이 밝다는 사실이다. 손에 잡히는 대로 그런 대목들을 아래에 정리해 본다. 은유나 비유의 구조를 벗어나 있는데도 그저 싱싱하다. 이건 그의 천성이 저러하다는 반증이 될 수도 있다.

  어디서나 뽑아도 마찬가지다.

>가도 가도 끝이 없이
>들려오는 산새
>부엉이 울음소리
>인기척을 잠재운다
>
>새벽이슬이 오면
>뱃고동을 울릴
>저 푸른 바다가
>만선을 춤추게 한다
>
>   ─「나르는 길」부분

>산에 오르니
>지리한 시간이 헐떡거린다

쪽동나무 소쩍새가
호흡기에 들어와
나의 폐에 푸르름을 펼쳐준다
                    －「나의 폐에 산이」 부문

책은 이해하기 전 질문 없는 답이다
새들이 날아간 저쪽
모든 이야기들, 이름 없는 답을 찾을 수 없다
                    －「질문, 답」 부분

별을 바라보며
당신의 이름을 불러보고
당신의 사람으로 남아
첫눈 향기로 기도를 합니다.
                    －「소원」 부분

맑은 당신 하늘을 열어
가장 긴 터널을 만들고
만들어지는 어둠 사이

빈 자리엔 어느새

빛이 내리고 있었다

―「그리다 그리워」 부분

 어떻게 이렇게 소박하고 질박하고 긍정적이고 정직한 반응으로 주변을 읽을 수가 있을까. 때로 이런 세계를 그대로 신뢰하고 거기 가담하는 것이 행복이 아니겠는가 하고 믿어 버리고 싶을 때가 있다. 나도 그런 시를 쓴 적이 있기는 있다.

 물론 그 구조나 의식은 좀 거리가 있기는 있었다. 이용주 시인, 한번 비교해 보신다면 새로운 세계 형성에 도움이 되리라 믿는다. 아래에 선을 보인다.

 산다는 게 이미 축복이라는 걸 알게 되었다 해보니까 확실히 그렇다 나를 가꾸는게 꽃이기도 하거니와 내가 그런 꽃들을 가꾸는 사람이라니! 축복이다 꽃으로 내가 날로 가꾸어지고 있다니! 날 버리고 간 사람아, 다시 돌아오시게나 가꾸는 힘을 내가 꽃들에게 주고 있다니! 그대에게도 진정 이젠 드리고 싶네 나도 그대에게 밥을 멕이고 싶네 흘리지 않고 멕이고 싶네 꽃들에겐 이음새가 있다네 수선화가 제가 다 못 멕이면 앵초에게 앵초는 달맞이꽃에게 이내 손잡아 건네는 어머니의 손, 멕이는 손, 연이어 핀다네 꽃을 가꾸어 보아야 저승까지 보인다네 저승까지 당겨서 보게 된다 네 어머니가 보인다네 저승까서 당겨서 꽃밥 멕이는

―『律呂集, 45 – 꽃을 가꾸며』 전문

물론 이 시는 산문 형태를 갖추고 있기도 하고 특히 끝부분에서 "저승까지 당겨서 꽃밥 멕이는"이라는 은유가 깔려 마무리 되고 있는 것을 볼 수가 있으며 전체적으로 은유가 깔려 있다고 해야 옳다. 문학평론가 엄경희는 여기서 나의 율려律呂로서의 존재관, 자연관을 살피는 가운데 시적 사유가 물리학에서 말하는 〈초끈이론〉과 유사하다는 생각을 해 내고 있다. 이렇게 소박하고 질박하고 긍정적이고 정직한 반응 속에서 물리학의 원형적 이론도 도출될 수가 있는 것 아니겠는가.

군에 입대해서 백령도 해병으로 근무하고 있는 아들

을 또한 여러 편 쓰고 있다. 그 시편들도 무슨 우수한 시들이라기보다는 그저 따뜻함을 대견해하지 않을 수가 없다. 그만한 절대 순수가 어디 있겠는가,

> 가녀린 모습이었던
> 아들이
> 어제 일처럼
> 해병으로 변한 모습
> 새삼스럽게 느껴진다
>
> 극기주의 훈련을
> 용단 있게 참여함으로 동기애 친화력을
> 배웠다는 아들의 미소가
> 귓전에 아려오고
>
> … 중략 …
>
> 흑룡 사랑에 힘입어
> 해병 아들의 목소리가

서북도 최단에 우렁차게 울려진다
　　　　　－「해병이 1－해병아들」 전문

 물론 그는 시 쓰기의 내면적 고독을 깨닫고 있다. 그를 훔쳐본 것 같아 좀 미안하지만 여기 끝으로 그를 옮겨놓고 싶다. 그의 진정성에 동의해서다

　　고독이 시를 쓰는지
　　시가 고독을 쓰는지
　　답은 둘 중의 하나다

　　둘이면서 하나인 답
　　하나이면서
　　둘인 답

　　하나이건
　　둘이건
　　그런 답을 넘어선 곳에서
　　답이 되는

시

그런 시를 쓰고 싶다

―「시 쓰기 고독」 전문

  나는 앞에서 전제로 '대상'을 제시하면서 대상을 '소유의 관계가 아니라 존재의 관계'라고 퐁즈의 말을 재삼 강조하였다. 나는 새롭게 시적 인식의 '눈망울로 빛나는' 이용주의 고백을 벌써 듣고 있다. "가슴에 창을 달고／창을 닦는" 이용주의 '그런 눈망울 앞에' 처음처럼 서 있다. 달라질 것이다.

  그의 시에 격려를 보낸다.